Impressum
Verlag: BABADADA GmbH, Nedderfeld 112 , 22529 Hamburg
Geschäftsführer / Verlagsleitung: Harald Hof
Druck: Books on Demand GmbH, In de Tarpen 42, 22848 Norderstedt

Imprint
Publisher: BABADADA GmbH, Nedderfeld 112 , 22529 Hamburg, Germany
Managing Director / Publishing direction: Harald Hof
Print: Books on Demand GmbH, In de Tarpen 42, 22848 Norderstedt, Germany

Schule
escuela

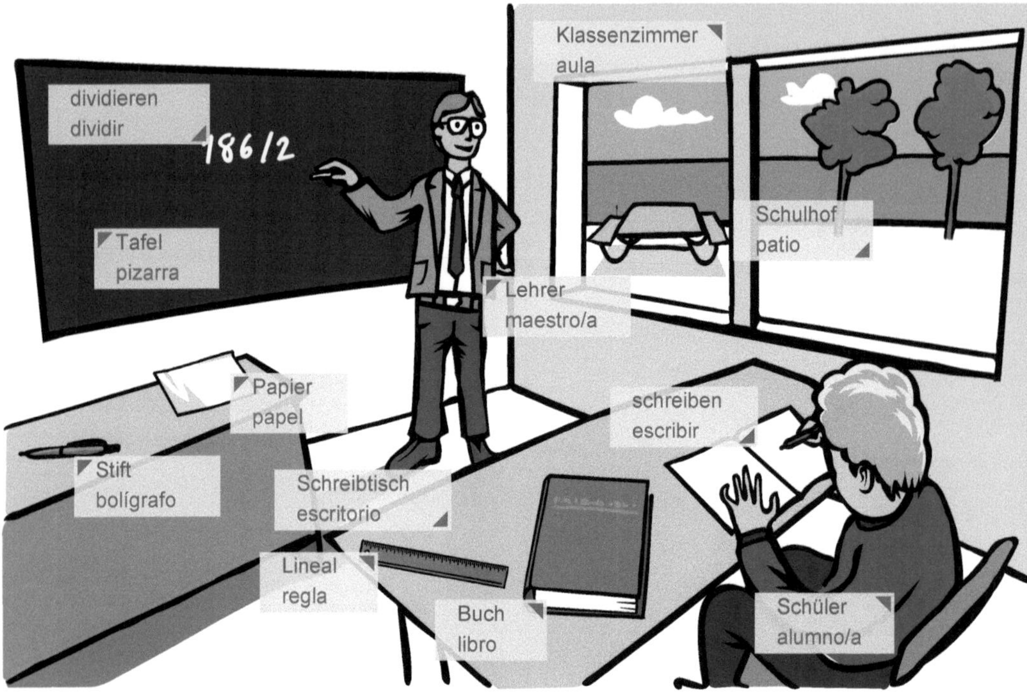
Klassenzimmer
aula
dividieren
dividir
186/2
Tafel
pizarra
Schulhof
patio
Lehrer
maestro/a
Papier
papel
schreiben
escribir
Stift
bolígrafo
Schreibtisch
escritorio
Lineal
regla
Buch
libro
Schüler
alumno/a

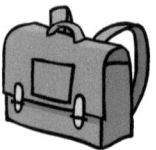

Ranzen

cartera

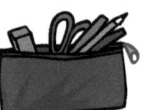

Federmappe

caja de lápices

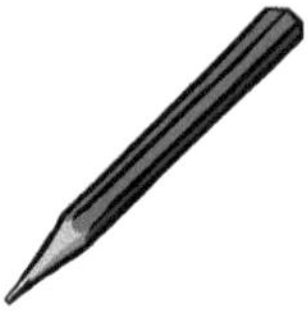

Bleistift

lápiz

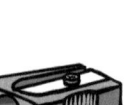

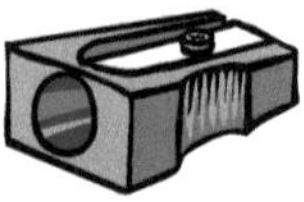

Bleistiftanspitzer

sacapuntas

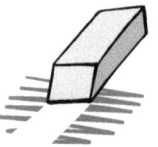

Radiergummi

goma de borrar

Zeichenblock

cuaderno de dibujo

Zeichnung
dibujo

Pinsel
pincel

Malkasten
caja de pinturas

Schere
tijeras

Klebstoff
pegamento

Übungsheft
cuaderno de ejercicios

Hausaufgabe
deberes

12

Zahl
número

2+2

addieren
sumar

5-2

subtrahieren
restar

2×2

multiplizieren
multiplicar

rechnen
calcular

A

Buchstabe
letra

ABCDEFG
HIJKLMN
OPQRSTU
VWXYZ

Alphabet
alfabeto

hello

Wort
palabra

Text
....
texto

lesen
....
leer

Kreide
....
tiza

Stunde
....
lección

Klassenbuch
....
cuaderno de notas

Prüfung
....
examen

Zeugnis
....
certificado

Schuluniform
....
uniforme escolar

Ausbildung
....
educación

Lexikon
....
enciclopedia

Universität
....
universidad

Mikroskop
....
microscopio

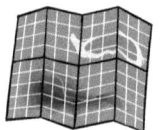

Karte
....
mapa

Papierkorb
....
papelera

Hotel
hotel

Grand

Herberge
albergue

ROOMS

Wechselstube
oficina de cambio de divisas

EXCHANGE

Koffer
maleta

Auto
coche

Sprache

idioma

ja / nein

sí / no

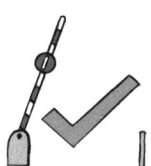

Okay

Vale

Hallo

hola

Übersetzer

traductor

Danke

Gracias

Was kostet…?

¿cuánto es…?

Ich verstehe nicht

No entiendo

Problem

problema

Guten Abend!

¡Buenas tardes!

Guten Morgen!

¡Buenos días!

Gute Nacht!

¡Buenas noches!

Auf Wiedersehen

adiós

Richtung

dirección

Gepäck

equipaje

Tasche

bolsa

Rucksack

mochila

Gast

invitado

Zimmer

habitación

Schlafsack

saco de dormir

Zelt

tienda de campaña

Touristeninformation

información turística

Strand

playa

Kreditkarte

tarjeta de crédito

Frühstück

desayuno

Mittagessen

almuerzo

Abendessen

cena

Fahrkarte

billete

Fahrstuhl

ascensor

Briefmarke

sello

Grenze

frontera

Zoll

aduana

Botschaft

embajada

Visum

visa

Pass

pasaporte

Transport

transporte

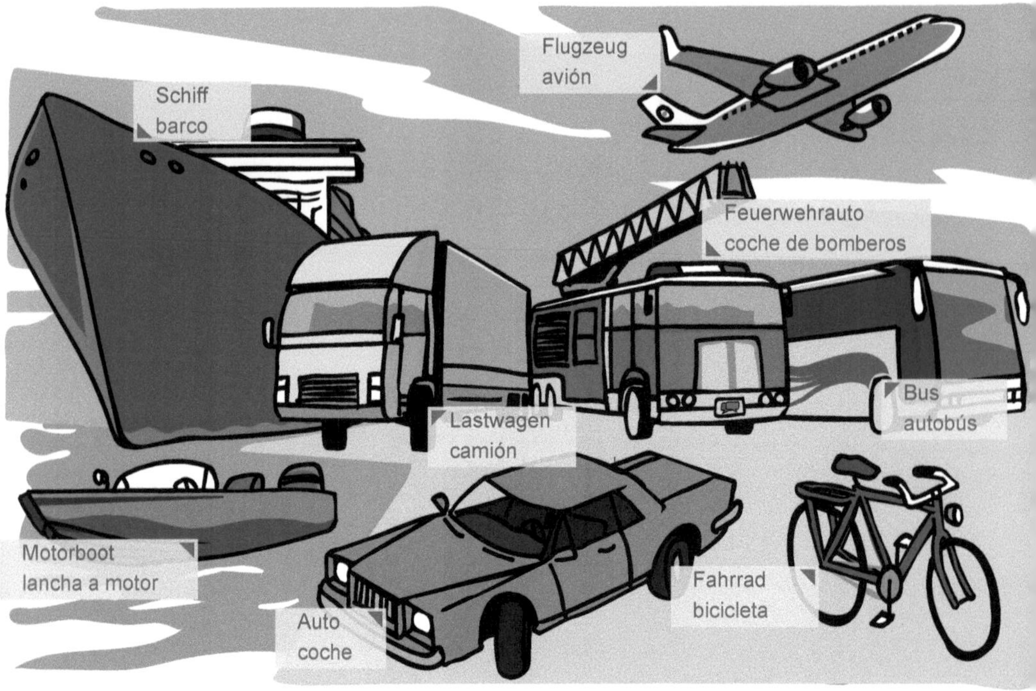

Flugzeug
avión

Schiff
barco

Feuerwehrauto
coche de bomberos

Bus
autobús

Lastwagen
camión

Motorboot
lancha a motor

Fahrrad
bicicleta

Auto
coche

Fähre

transbordador

Boot

barca

Motorrad

moto

Polizeiauto

coche de policía

Rennauto

coche de carreras

Mietwagen

coche de alquiler

Carsharing

préstamo de vehículos

Abschleppwagen

grúa

Müllauto

camión de la basura

Motor

motor

Kraftstoff

gasolina

Tankstelle

gasolinera

Verkehrsschild

señal de tráfico

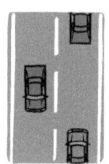

Verkehr

tráfico

Stau

atasco

Parkplatz

aparcamiento

Bahnhof

estación de tren

Schienen

vías

Zug

tren

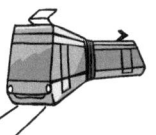

Straßenbahn

tranvía

Wagon

vagón

Helikopter

helicóptero

Flughafen

aeropuerto

Tower

torre

Passagier

pasajero

Container

contenedor

Karton

caja de cartón

Karren

carretilla

Korb

cesta

starten / landen

despegar / aterrizar

Stadt

ciudad

Dorf

pueblo

Stadtzentrum

centro de ciudad

Haus

casa

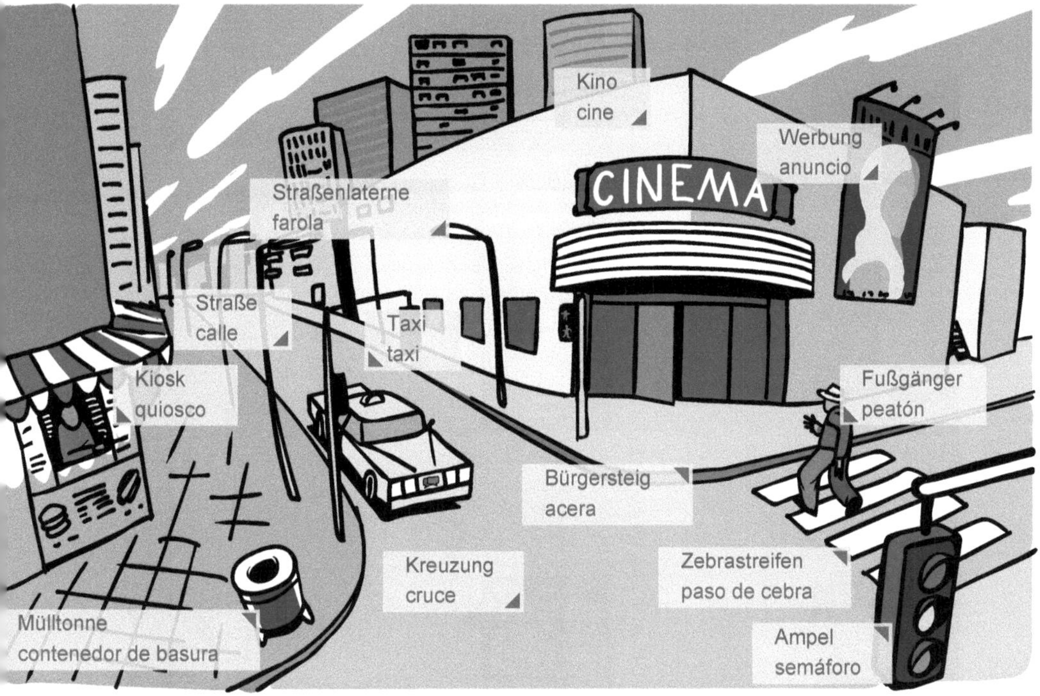

Kino
cine

Werbung
anuncio

Straßenlaterne
farola

CINEMA

Straße
calle

Taxi
taxi

Fußgänger
peatón

Kiosk
quiosco

Bürgersteig
acera

Kreuzung
cruce

Zebrastreifen
paso de cebra

Mülltonne
contenedor de basura

Ampel
semáforo

Hütte

cabaña

Wohnung

apartamento

Bahnhof

estación de tren

Rathaus

ayuntamiento

Museum

museo

Schule

escuela

Universität

universidad

Bank

banco

Krankenhaus

hospital

Hotel

hotel

Apotheke

farmacia

Büro

oficina

Buchhandlung

librería

Geschäft

tienda

Blumenladen

floristería

Supermarkt

supermercado

Markt

mercado

Kaufhaus

grandes almacenes

Fischhändler

pescadería

Einkaufszentrum

centro comercial

Hafen

puerto

Park

parque

Bank

banco

Brücke

puente

Treppe

escaleras

U-Bahn

metro

Tunnel

túnel

Bushaltestelle

parada de autobús

Bar

bar

Restaurant

restaurante

Briefkasten

buzón

Straßenschild

poste indicador

Parkuhr

parquímetro

Zoo

zoo

Badeanstalt

piscina

Moschee

mezquita

Bauernhof
granja

Umweltverschmutzung
contaminación

Friedhof
cementerio

Kirche
iglesia

Spielplatz
patio de juego

Tempel
templo

Landschaft
paisaje

Blatt / hoja

Wegweiser / señal

Weg / camino

Wiese / prado

Stein / piedra

Baum / árbol

Wanderer / excursionista

Fluss / río

Gras / hierba

Blume / flor

Tal	Berg	See
valle	colina	lago
	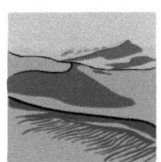	
Wald	Wüste	Vulkan
bosque	desierto	volcán

Schloss	Regenbogen	Pilz
castillo	arcoíris	champiñón

Palme	Moskito	Fliege
palmera	mosquito	mosca

Ameise	Biene	Spinne
hormiga	abeja	araña

Käfer

escarabajo

Frosch

rana

Eichhörnchen

ardilla

Igel

erizo

Hase

liebre

Eule

lechuza

Vogel

pájaro

Schwan

cisne

Wildschwein

jabalí

Hirsch

ciervo

Elch

alce

Staudamm

presa

Windrad

turbina eólica

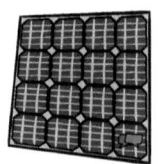

Solarmodul

panel solar

Klima

clima

Restaurant
restaurante

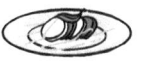

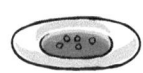

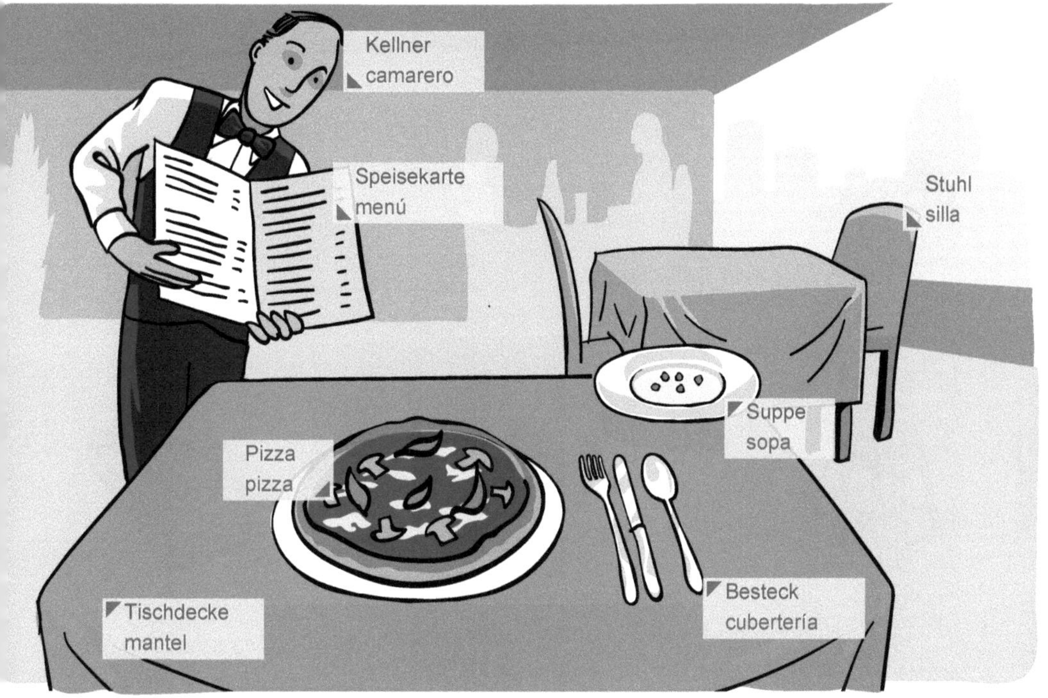
Kellner
camarero
Speisekarte
menú
Stuhl
silla
Suppe
sopa
Pizza
pizza
Besteck
cubertería
Tischdecke
mantel

Vorspeise

primer plato

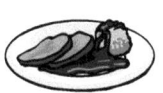

Hauptgericht

plato principal

Nachspeise

postre

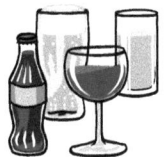

Getränke

bebidas

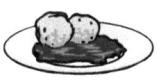

Essen

comida

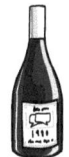

Flasche

botella

Fastfood

comida rápida

Streetfood

comida callejera

Teekanne

tetera

Zuckerdose

azucarero

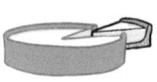

Portion

porción

Espressomaschine

cafetera expreso

Hochstuhl

trona

Rechnung

cuenta

Tablett

bandeja

Messer

cuchillo

Gabel

tenedor

Löffel

cuchara

Teelöffel

cucharilla

Serviette

servilleta

Glas

vaso

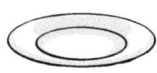

Teller

plato

Suppenteller

plato hondo

Untertasse

platillo

Sauce

salsa

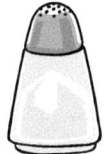

Salzstreuer

salero

Pfeffermühle

molinillo de pimienta

Essig

vinagre

Öl

aceite

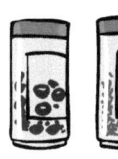

Gewürze

especias

Ketchup

ketchup

Senf

mostaza

Mayonnaise

mayonesa

Supermarkt
supermercado

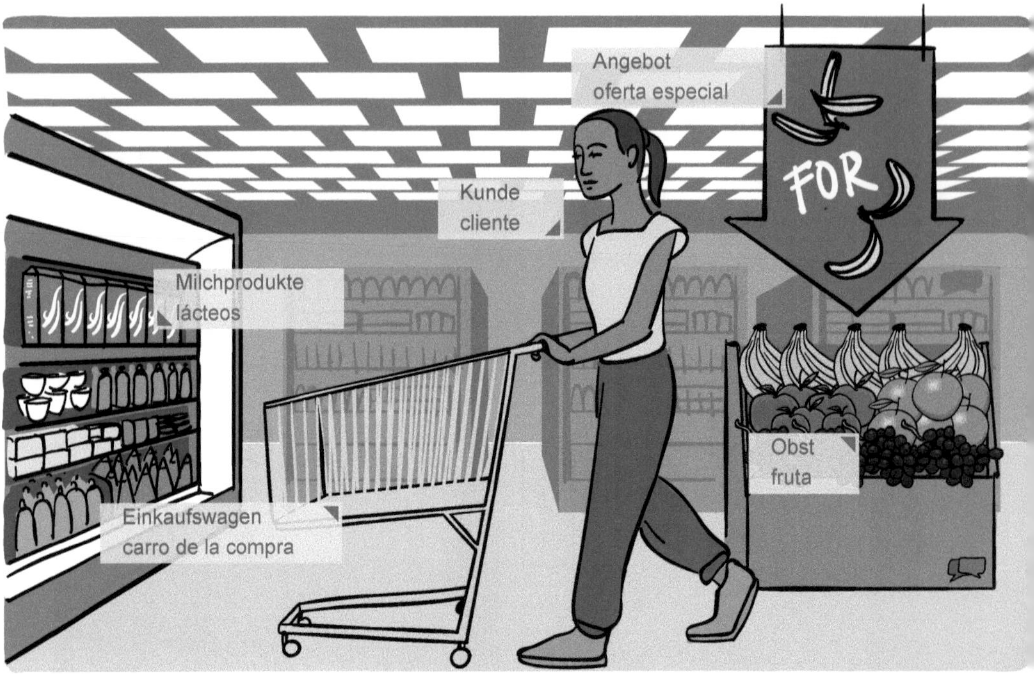

Angebot
oferta especial
FOR
Kunde
cliente
Milchprodukte
lácteos
Obst
fruta
Einkaufswagen
carro de la compra

BUTCHERS

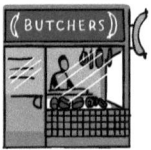

Schlachterei
carnicería

BAKERY

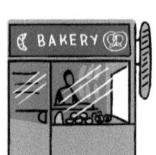

Bäckerei
panadería

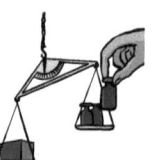

wiegen
pesar

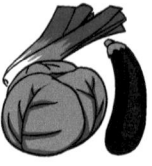

Gemüse
verduras

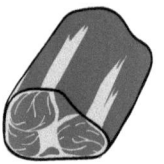

Fleisch
carne

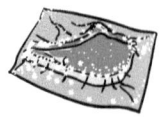

Tiefkühlkost
alimentos congelados

Aufschnitt

fiambres

Konserven

conservas

Waschmittel

detergente en polvo

Süßigkeiten

dulces

Haushaltsartikel

productos de uso doméstico

Reinigungsmittel

productos de limpieza

Verkäuferin

vendedora

Kasse

caja

Kassierer

cajero

Einkaufsliste

lista de la compra

Öffnungszeiten

horario de atención al público

Brieftasche

cartera

Kreditkarte

tarjeta de crédito

Tasche

bolsa

Plastiktüte

bolsa de plástico

Wasser

agua

Saft

zumo

Milch

leche

Cola

cola

Wein

vino

Bier

cerveza

Alkohol

alcohol

Kakao

cacao

Tee

té

Kaffee

café

Espresso

expreso

Cappuccino

capuchino

Banane

plátano

Apfel

manzana

Orange

naranja

Melone

melón

Zitrone

limón

Karotte

zanahoria

Knoblauch

ajo

Bambus

bambú

Zwiebel

cebolla

Pilz

champiñón

Nüsse

avellanas

Nudeln

fideos

Spaghetti

espagueti

Reis

arroz

Salat

ensalada

Pommes frites

patatas fritas

Bratkartoffeln

patatas fritas

Pizza

pizza

Hamburger

hamburguesa

Sandwich

sándwich

Schnitzel

filete

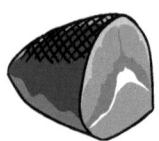

Schinken

jamón

Salami

salami

Wurst

salchicha

Huhn

pollo

Braten

asado

Fisch

pescado

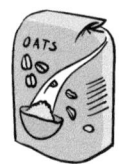

Haferflocken

copos de avena

Mehl

harina

Brot

pan

Butter

mantequilla

Ei

huevo

Müsli

muesli

Croissant

cruasán

Toast

tostada

Quark

cuajada

Spiegelei

huevo frito

Cornflakes

copos de maíz

Brötchen

panecillo

Kekse

galletas

Kuchen

pastel

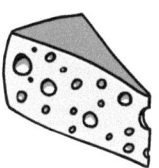

Käse

queso

Eiscreme

helado

Zucker

azúcar

Honig

miel

Marmelade

mermelada

Nougat-Creme

crema de turrón

Curry

curry

Bauernhof
granja

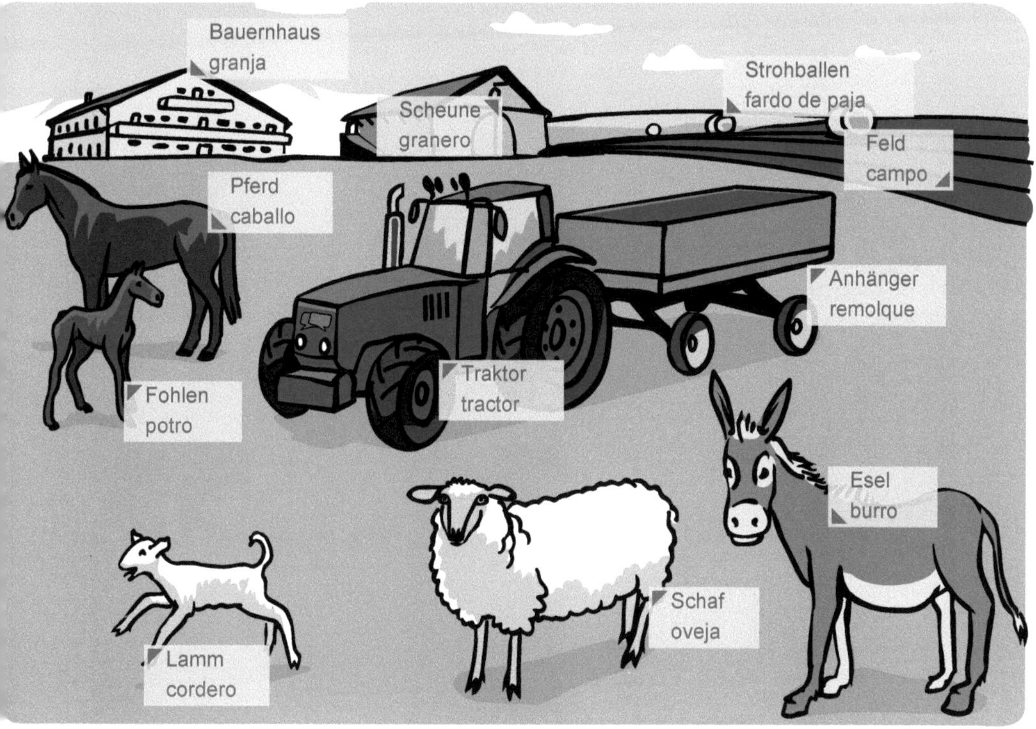
Bauernhaus
granja
Scheune
granero
Strohballen
fardo de paja
Feld
campo
Pferd
caballo
Anhänger
remolque
Traktor
tractor
Fohlen
potro
Esel
burro
Schaf
oveja
Lamm
cordero

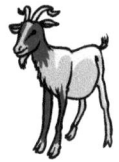

Ziege

cabra

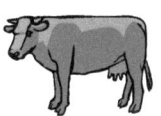

Kuh

vaca

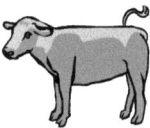

Kalb

ternero

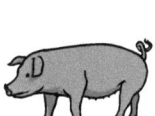

Schwein

cerdo

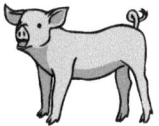

Ferkel

cerdito

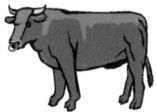

Bulle

toro

Gans

ganso

Ente

pato

Küken

pollo

Huhn

gallina

Hahn

gallo

Ratte

rata

Katze

gato

Maus

ratón

Ochse

buey

Hund

perro

Hundehütte

perrera

Gartenschlauch

manguera

Gießkanne

regadera

Sense

guadaña

Pflug

arado

Sichel

hoz

Hacke

azada

Mistgabel

horca

Axt

hacha

Schubkarre

carretilla

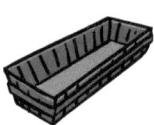

Trog

abrevadero

Milchkanne

lechera

Sack

saco

Zaun

valla

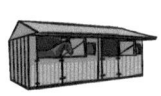

Stall

establo

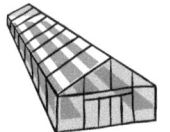

Treibhaus

invernadero

Boden

suelo

Saat

semilla

Dünger

fertilizador

Mähdrescher

cosechadora

ernten

cosechar

Ernte

cosecha

Yamswurzel

ñame

Weizen

trigo

Soja

soja

Kartoffel

patata

Mais

maíz

Raps

semilla de colza

Obstbaum

árbol frutal

Maniok

mandioca

Getreide

cereales

Haus
casa

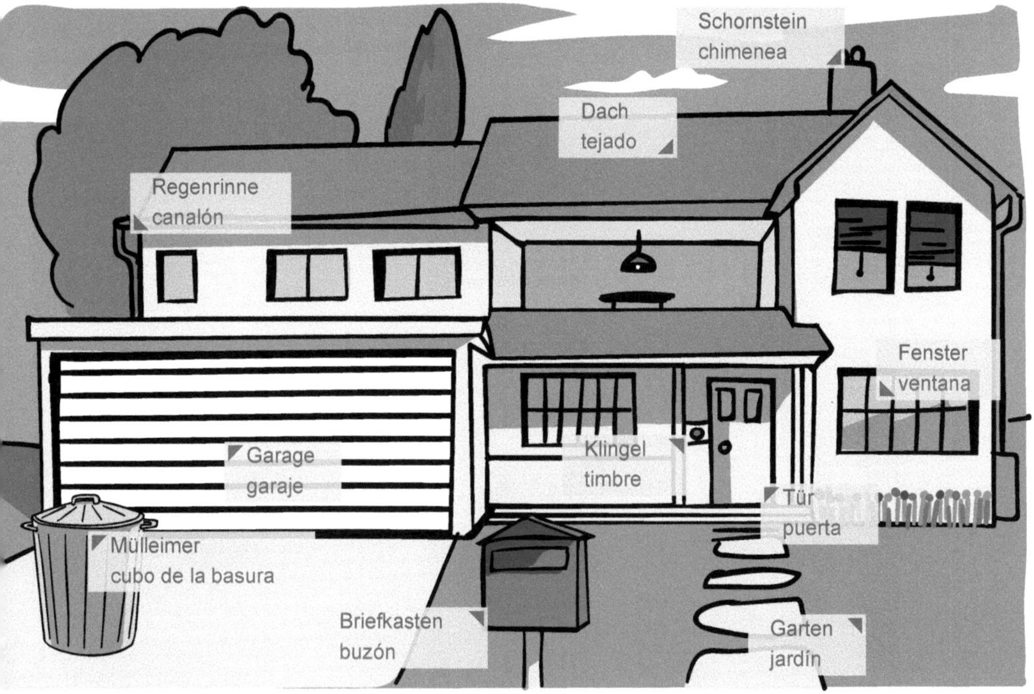

Schornstein
chimenea
Dach
tejado
Regenrinne
canalón
Fenster
ventana
Garage
garaje
Klingel
timbre
Tür
puerta
Mülleimer
cubo de la basura
Briefkasten
buzón
Garten
jardín

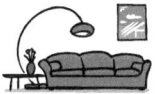

Wohnzimmer
sala

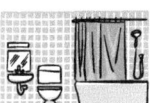

Badezimmer
cuarto de baño

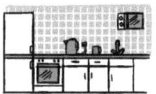

Küche
cocina

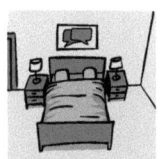

Schlafzimmer
dormitorio

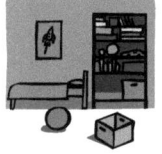

Kinderzimmer
habitación de los niños

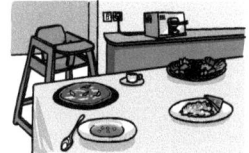

Esszimmer
comedor

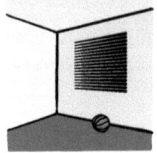

Boden

suelo

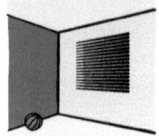

Wand

pared

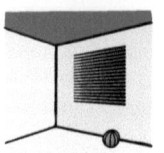

Decke

techo

Keller

sótano

Sauna

sauna

Balkon

balcón

Terrasse

terraza

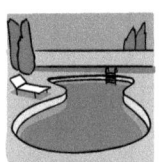

Schwimmbad

piscina

Rasenmäher

cortacésped

Bettbezug

sábana

Bettdecke

colcha

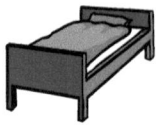

Bett

cama

Besen

escoba

Eimer

balde

Schalter

interruptor

Wohnzimmer

sala

Tapete
papel pintado
Bild
imagen
Lampe
lámpara
Regal
estante
Schrank
armario
Fernseher
televisión
Kamin
chimenea
Blume
flor
Kissen
cojín
Sofa
sofá
Vase
jarrón
Fernbedienung
mando a distancia

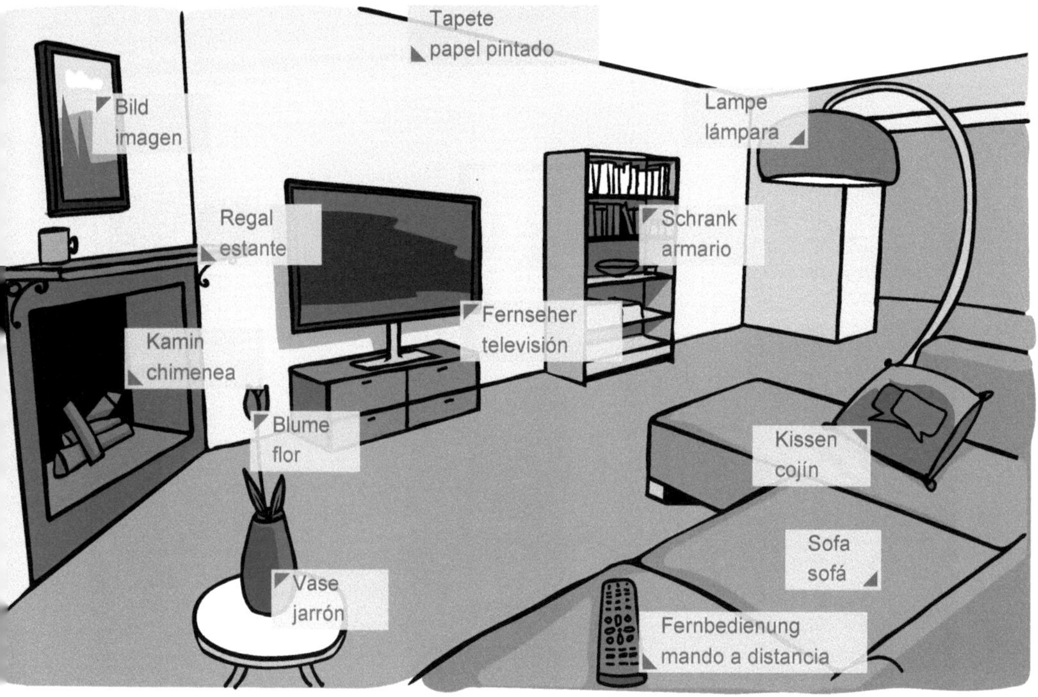

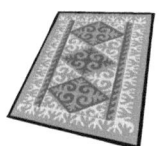

Teppich

alfombra

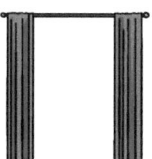

Vorhang

cortina

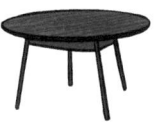

Tisch

mesa

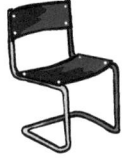

Stuhl

silla

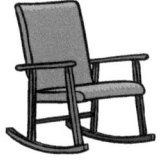

Schaukelstuhl

mecedora

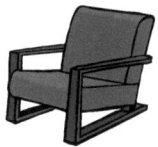

Sessel

butaca

Buch

libro

Decke

manta

Dekoration

decoración

Feuerholz

leña

Film

película

Stereoanlage

equipo de música

Schlüssel

llave

Zeitung

periódico

Gemälde

pintura

Poster

póster

Radio

radio

Notizblock

cuaderno

Staubsauger

aspiradora

Kaktus

cactus

Kerze

vela

Küche
cocina

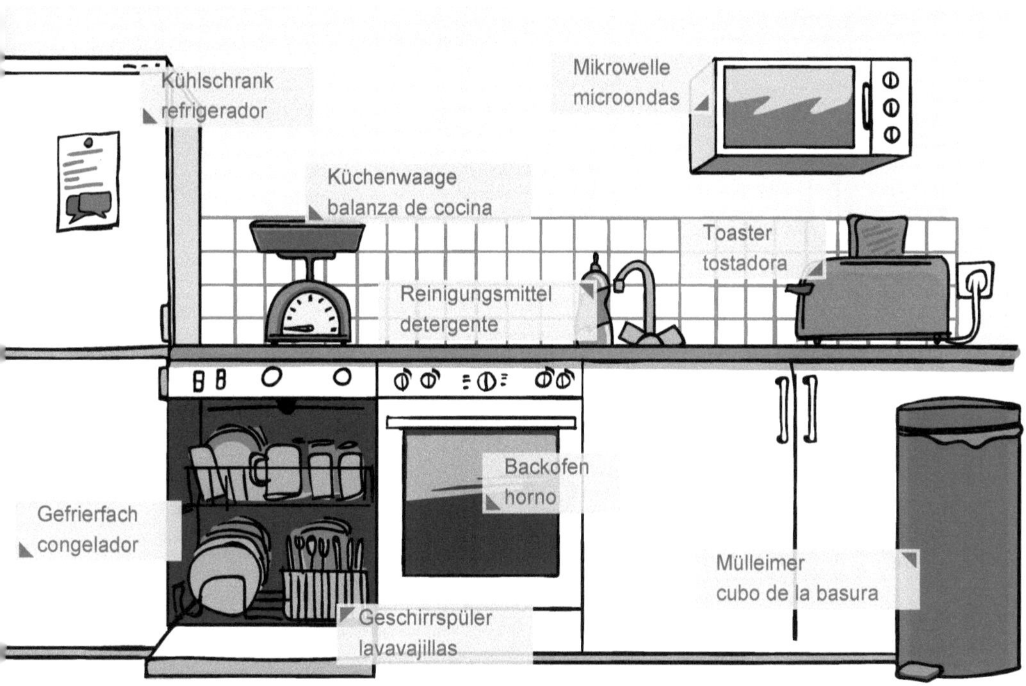

Kühlschrank
refrigerador
Mikrowelle
microondas
Küchenwaage
balanza de cocina
Toaster
tostadora
Reinigungsmittel
detergente
Backofen
horno
Gefrierfach
congelador
Mülleimer
cubo de la basura
Geschirrspüler
lavavajillas

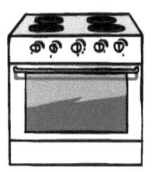

Herd

olla a presión

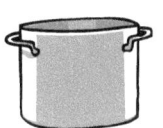

Topf

olla

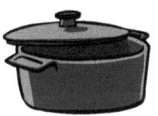

Eisentopf

olla de hierro fundido

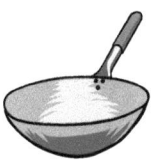

Wok / Kadai

wok / karahi

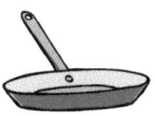

Pfanne

cazuela

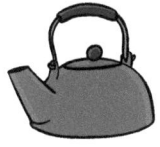

Wasserkocher

hervidor

Dampfgarer

vaporera

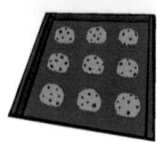

Backblech

chapa de horno

Geschirr

vajilla

Becher

taza

Schale

tazón

Essstäbchen

palillos

Suppenkelle

cucharón

Pfannenwender

espumadera

Schneebesen

batidor

Kochsieb

colador

Sieb

cedazo

Reibe

rallador

Mörser

mortero

Grill

barbacoa

Feuerstelle

hoguera

Küche - cocina

Schneidebrett

tabla de picar

Nudelholz

rodillo

Korkenzieher

sacacorchos

Dose

lata

Dosenöffner

abrelatas

Topflappen

agarrador

Waschbecken

lavabo

Bürste

cepillo

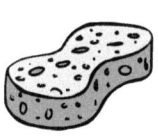

Schwamm

esponja

Mixer

batidora

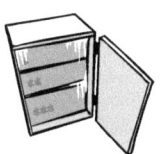

Gefriertruhe

congelador

Babyflasche

biberón

Wasserhahn

grifo

Badezimmer

cuarto de baño

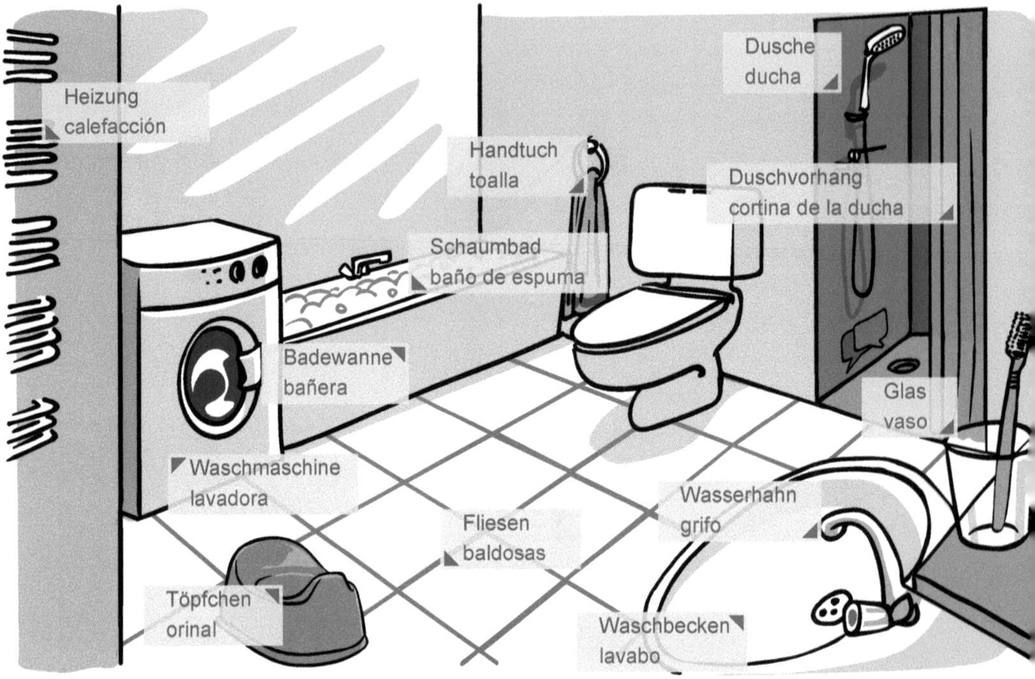
Heizung
calefacción
Dusche
ducha
Handtuch
toalla
Duschvorhang
cortina de la ducha
Schaumbad
baño de espuma
Badewanne
bañera
Glas
vaso
Waschmaschine
lavadora
Wasserhahn
grifo
Fliesen
baldosas
Töpfchen
orinal
Waschbecken
lavabo

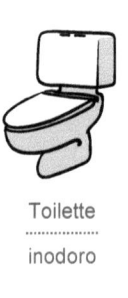

Toilette
inodoro

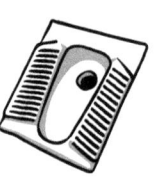

Hocktoilette
inodoro rústico

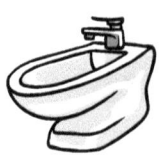

Bidet
bidé

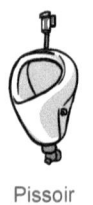

Pissoir
urinario

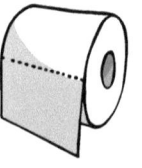

Toilettenpapier
papel higiénico

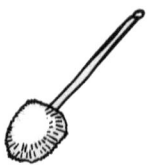

Toilettenbürste
escobilla del váter

Zahnbürste

cepillo de dientes

Zahnpasta

pasta de dientes

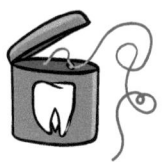

Zahnseide

hilo dental

waschen

lavar

Handbrause

ducha de mano

Intimdusche

ducha íntima

Waschschüssel

pila

Rückenbürste

cepillo de espalda

Seife

jabón

Duschgel

gel de ducha

Shampoo

champú

Waschlappen

toallita

Abfluss

desagüe

Creme

crema

Deodorant

desodorante

Spiegel

espejo

Kosmetikspiegel

espejo de tocador

Rasierer

maquinilla de afeitar

Rasierschaum

espuma de afeitar

Rasierwasser

loción postafeitado

Kamm

peine

Bürste

cepillo

Föhn

secador

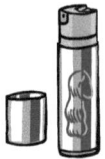

Haarspray

laca

Makeup

maquillaje

Lippenstift

pintalabios

Nagellack

pintauñas

Watte

algodón

Nagelschere

cortauñas

Parfum

perfume

Kulturbeutel

estuche de viaje

Hocker

banqueta

Waage

balanza

Bademantel

albornoz

Gummihandschuhe

guantes de goma

Tampon

tampón

Damenbinde

compresa

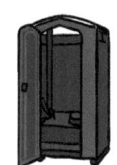

Chemietoilette

inodoro químico

Kinderzimmer

habitación de los niños

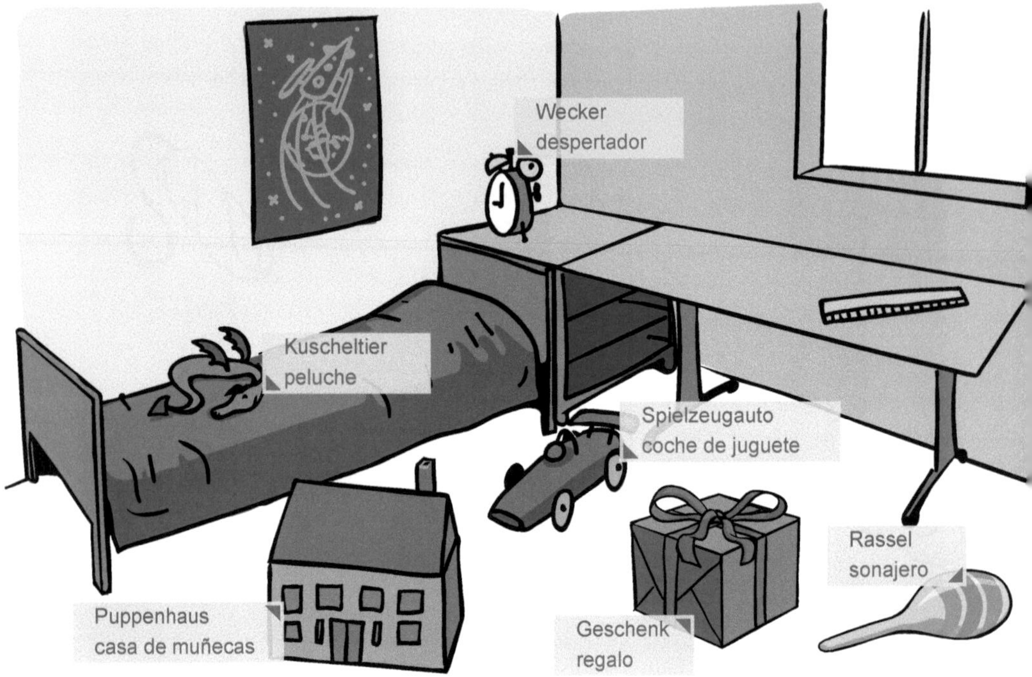

Wecker
despertador
Kuscheltier
peluche
Spielzeugauto
coche de juguete
Rassel
sonajero
Puppenhaus
casa de muñecas
Geschenk
regalo

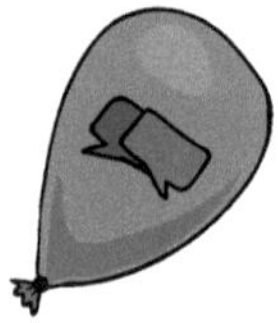

Ballon

globo

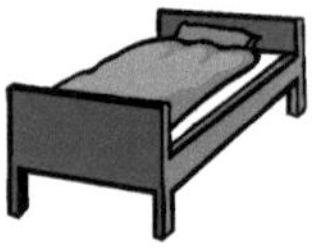

Bett

cama

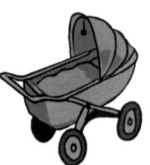

Kinderwagen

coche de niño

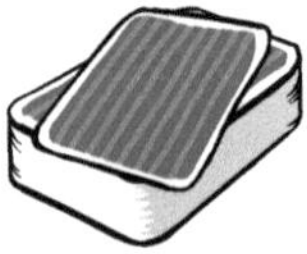

Kartenspiel

naipes

Puzzle

puzle

SUPER
MEGA

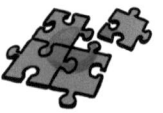

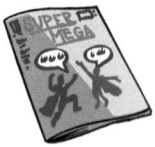

Comic

tebeo

Legosteine

piezas de lego

Bausteine

bloques de juguete

Action Figur

figura de acción

Strampelanzug

bodi (de bebé)

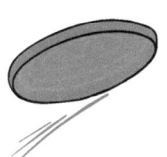

Frisbee

frisbee

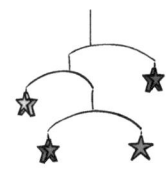

Mobile

colgador móvil para bebés

Brettspiel

juego de mesa

Würfel

dados

Modelleisenbahn

circuito de tren eléctrico

Schnuller

maniquí

Party

fiesta

Bilderbuch

álbum de fotos

Ball

pelota

Puppe

muñeca

spielen

jugar

Sandkasten

cajón de arena

Schaukel

columpio

Spielzeug

juguetes

Spielkonsole

videoconsola

Dreirad

triciclo

Teddy

oso de peluche

Kleiderschrank

guardarropa

Kleidung

ropa

Socken

calcetines

Strümpfe

medias

Strumpfhose

leotardos

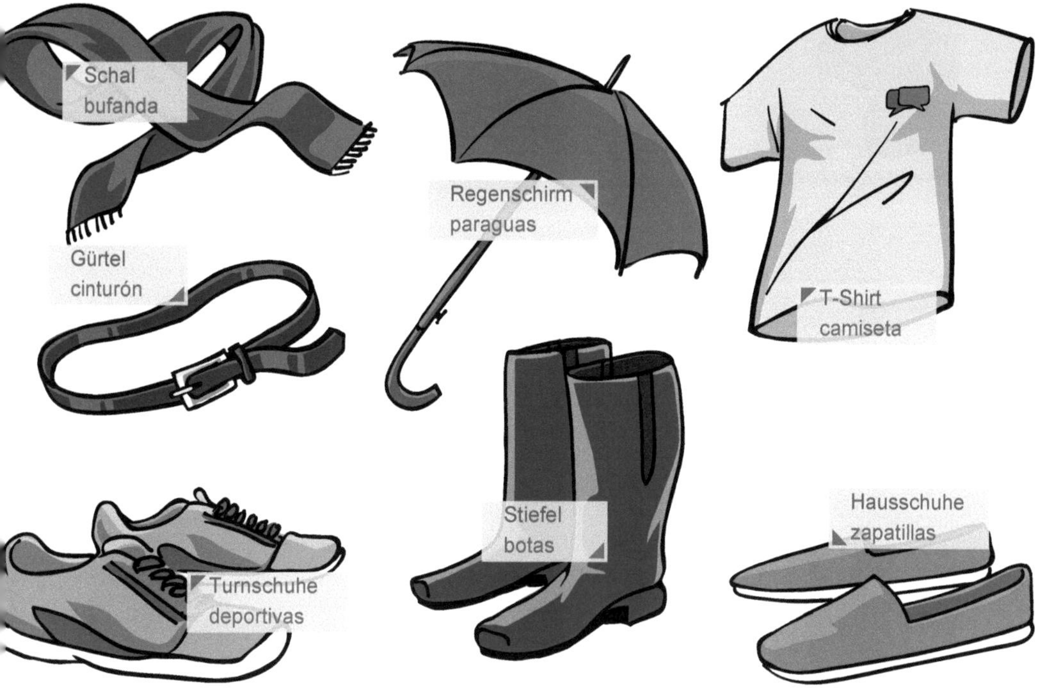

Schal
bufanda

Regenschirm
paraguas

T-Shirt
camiseta

Gürtel
cinturón

Stiefel
botas

Hausschuhe
zapatillas

Turnschuhe
deportivas

Sandalen
sandalias

Schuhe
zapatos

Gummistiefel
botas de goma

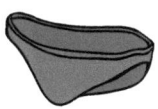

Unterhose
slip

Büstenhalter
sostén

Unterhemd
chaleco

Body
bodi

Hose
pantalones

Jeans
vaqueros

Rock
falda

Bluse
blusa

Hemd
camisa

Pullover
jersey

Kapuzenpullover
suéter

Blazer
blazer

Jacke
chaqueta

Mantel
abrigo

Regenmantel
gabardina

Kostüm
traje

Kleid
vestido

Hochzeitskleid
vestido de novia

Anzug

traje

Nachthemd

camisón

Schlafanzug

pijama

Sari

sari

Kopftuch

bandana

Turban

turbante

Burka

burka

Kaftan

caftán

Abaya

abaya

Badeanzug

traje de baño

Badehose

bañador

Kurze Hose

pantalones cortos

Trainingsanzug

chándal

Schürze

delantal

Handschuhe

guantes

Knopf

botón

Brille

gafas

Armband

brazalete

Halskette

collar

Ring

anillo

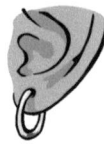

Ohrring

pendiente

Mütze

gorra

Kleiderbügel

percha

Hut

sombrero

Krawatte

corbata

Reißverschluss

cremallera

Helm

casco

Hosenträger

tirantes

Schuluniform

uniforme escolar

Uniform

uniforme

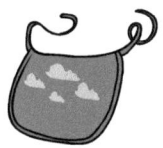

Lätzchen

babero

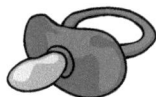

Schnuller

maniquí

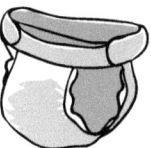

Windel

pañal

Büro
oficina

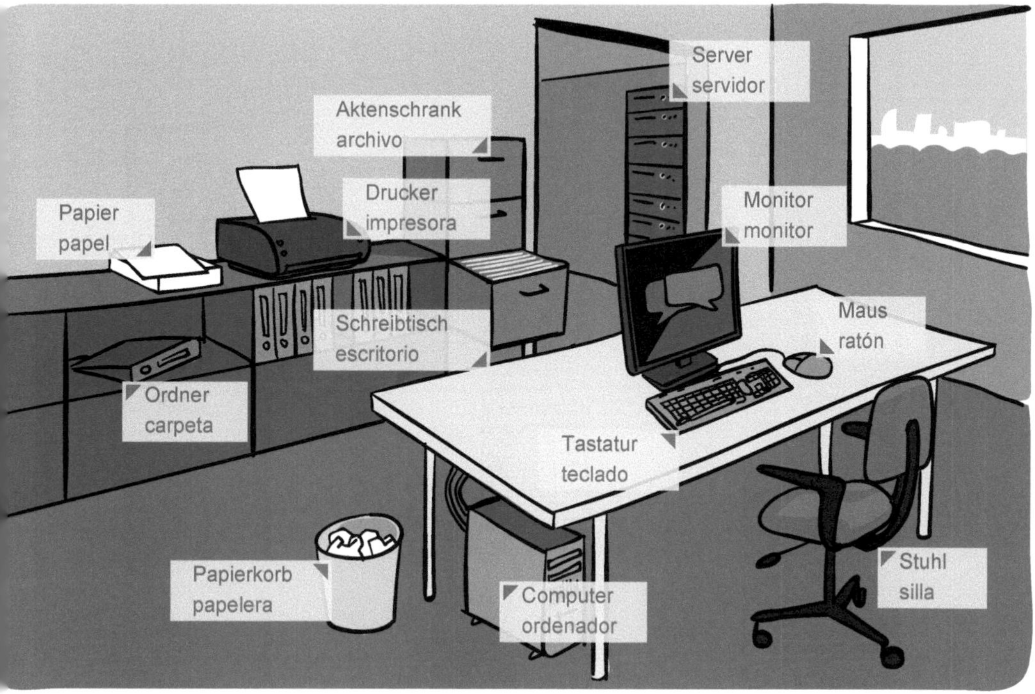

Server
servidor
Aktenschrank
archivo
Drucker
impresora
Papier
papel
Monitor
monitor
Maus
ratón
Schreibtisch
escritorio
Ordner
carpeta
Tastatur
teclado
Papierkorb
papelera
Computer
ordenador
Stuhl
silla

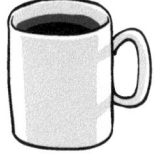

Kaffeebecher

taza de café

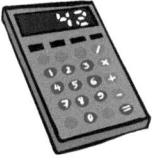

Taschenrechner

calculadora

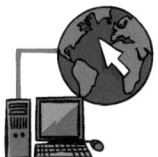

Internet

internet

Laptop

portátil

Brief

carta

Nachricht

mensaje

Handy

móvil

Netzwerk

red

Kopierer

fotocopiadora

Software

software

Telefon

teléfono

Steckdose

toma de corriente

Fax

fax

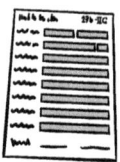

Formular

formulario

Dokument

documento

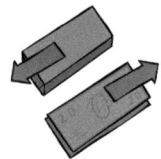

kaufen

comprar

bezahlen

pagar

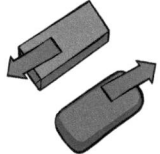

handeln

comerciar

Geld

dinero

Dollar

dólar

Euro

euro

Yen

yen

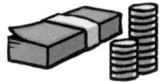

Rubel

rublo

Franken

franco suizo

Renminbi Yuan

renminbi yuan

Rupie

rupia

Geldautomat

cajero automático

Wechselstube

oficina de cambio de divisas

Gold

oro

Silber

plata

Öl

petróleo

Energie

energía

Preis

precio

Vertrag

contrato

Steuer

impuesto

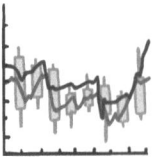

Aktie

acción

arbeiten

trabajar

Angestellter

empleado

Arbeitgeber

empleador

Fabrik

fábrica

Geschäft

tienda

Berufe
oficios

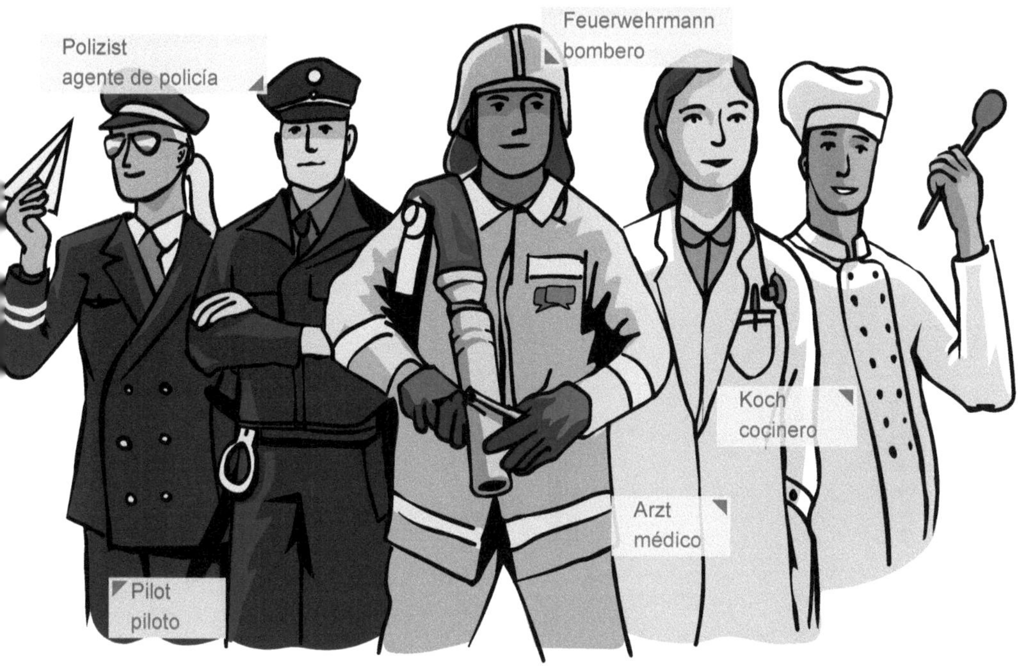
Polizist
agente de policía
Feuerwehrmann
bombero
Koch
cocinero
Arzt
médico
Pilot
piloto

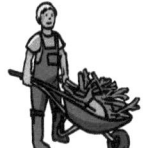

Gärtner
jardinero

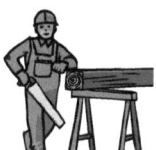

Tischler
carpintero

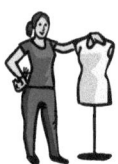

Näherin
costurera

Richter
juez

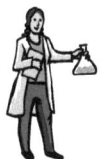

Chemiker
farmacéutico

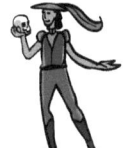

Schauspieler
actor

Busfahrer

conductor de autobús

Taxifahrer

taxista

Fischer

pescador

Putzfrau

señora de la limpieza

Dachdecker

techador

Kellner

camarero

Jäger

cazador

Maler

pintor

Bäcker

panadero

Elektriker

electricista

Bauarbeiter

obrero

Ingenieur

ingeniero

Schlachter

carnicero

Klempner

fontanero

Postbote

cartero

Soldat

soldado

Architekt

arquitecto

Kassierer

cajero

Florist

florista

Friseur

peluquero

Schaffner

revisor

Mechaniker

mecánico

Kapitän

capitán

Zahnarzt

dentista

Wissenschaftler

científico

Rabbi

rabino

Imam

imán

Mönch

monje

Geistlicher

sacerdote

Werkzeuge
herramientas

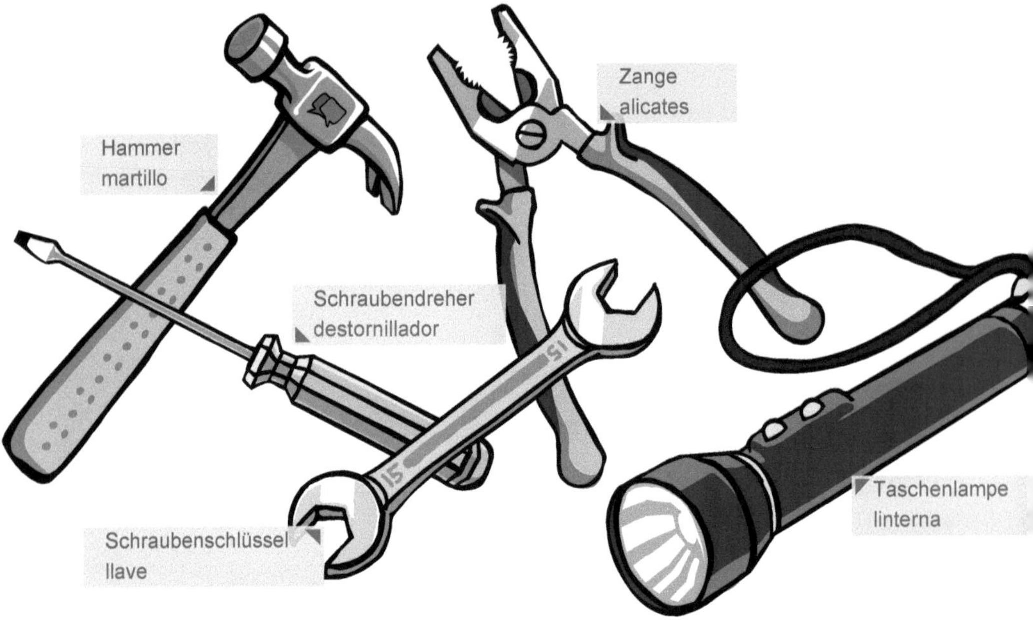
Hammer
martillo
Zange
alicates
Schraubendreher
destornillador
Schraubenschlüssel
llave
Taschenlampe
linterna

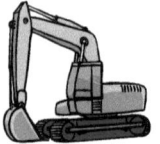

Bagger

excavadora

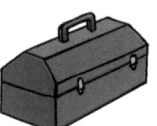

Werkzeugkasten

caja de herramientas

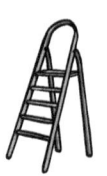

Leiter

escalera de mano

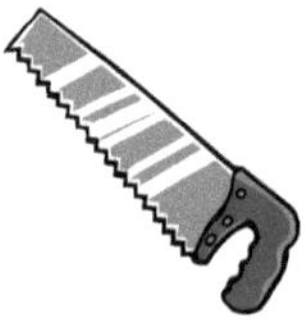

Säge

sierra

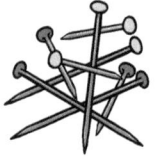

Nägel

clavos

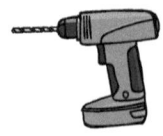

Bohrer

taladro

reparieren
....
reparar

Schaufel
....
pala

Mist!
....
¡Maldita sea!

Kehrblech
....
recogedor

Farbtopf
....
bote de pintura

Schrauben
....
tornillos

Musikinstrumente
instrumentos musicales

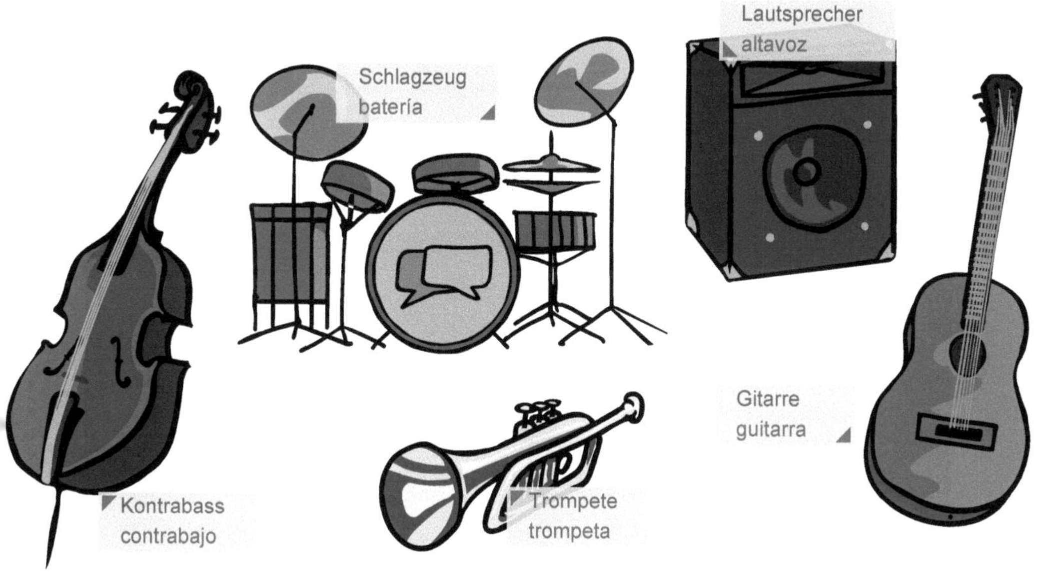

Lautsprecher
altavoz

Schlagzeug
batería

Gitarre
guitarra

Kontrabass
contrabajo

Trompete
trompeta

Klavier

piano

Violine

violín

Bass

bajo

Pauke

timbales

Trommeln

tambor

Keyboard

teclado

Saxophon

saxofón

Flöte

flauta

Mikrofon

micrófono

Zoo
zoo

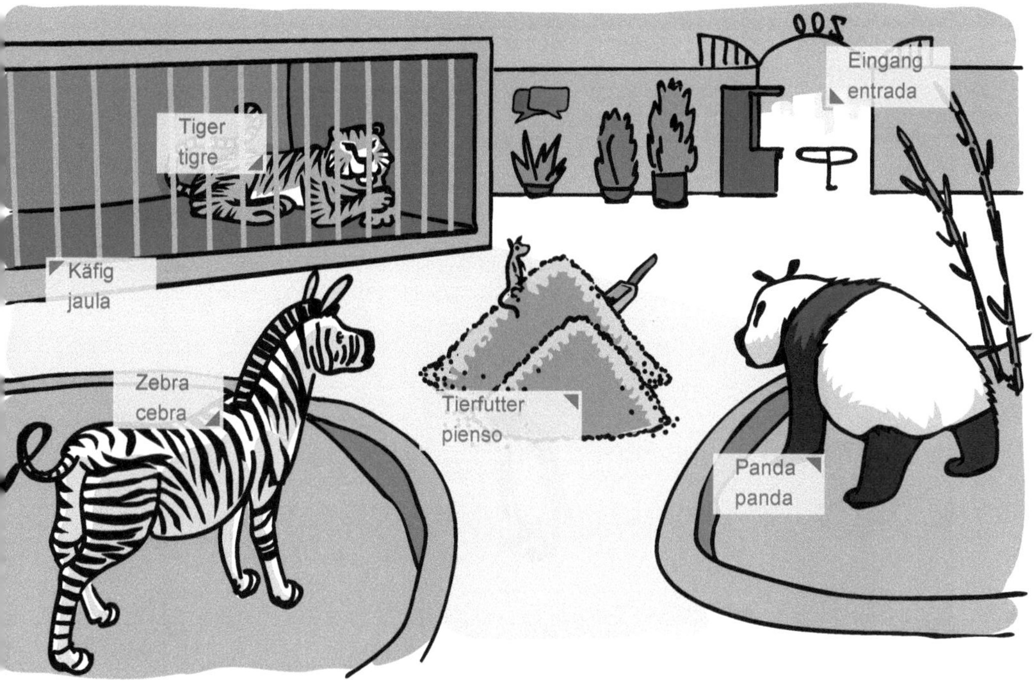

Tiger
tigre
Käfig
jaula
Zebra
cebra
Tierfutter
pienso
Eingang
entrada
Panda
panda

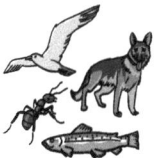

Tiere
animales

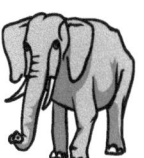

Elefant
elefante

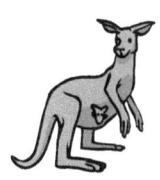

Känguru
canguro

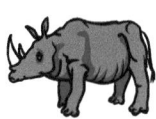

Nashorn
rinoceronte

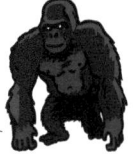

Gorilla
gorila

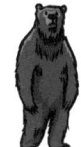

Bär
oso

Kamel

camello

Strauß

avestruz

Löwe

león

Affe

mono

Flamingo

flamingo

Papagei

loro

Eisbär

oso polar

Pinguin

pingüino

Hai

tiburón

Pfau

pavo real

Schlange

serpiente

Krokodil

cocodrilo

Zoowärter

guardián de zoológico

Robbe

foca

Jaguar

jaguar

Pony

poni

Leopard

leopardo

Nilpferd

hipopótamo

Giraffe

jirafa

Adler

águila

Wildschwein

jabalí

Fisch

pescado

Schildkröte

tortuga

Walross

morsa

Fuchs

zorro

Gazelle

gacela

American Football
fútbol americano

Radfahren
ciclismo

Tennis
tenis

Basketball
baloncesto

Schwimmen
natación

Boxen
boxeo

Eishockey
hockey sobre hielo

Fußball
fútbol

Badminton
bádminton

Leichtathletik
atletismo

Handball
balonmano

Skilaufen
esquí

Polo
polo

Aktivitäten
actividades

lachen
reír
springen
saltar
umarmen
abrazar
gehen
caminar
singen
cantar
träumen
soñar
beten
rezar
küssen
besar

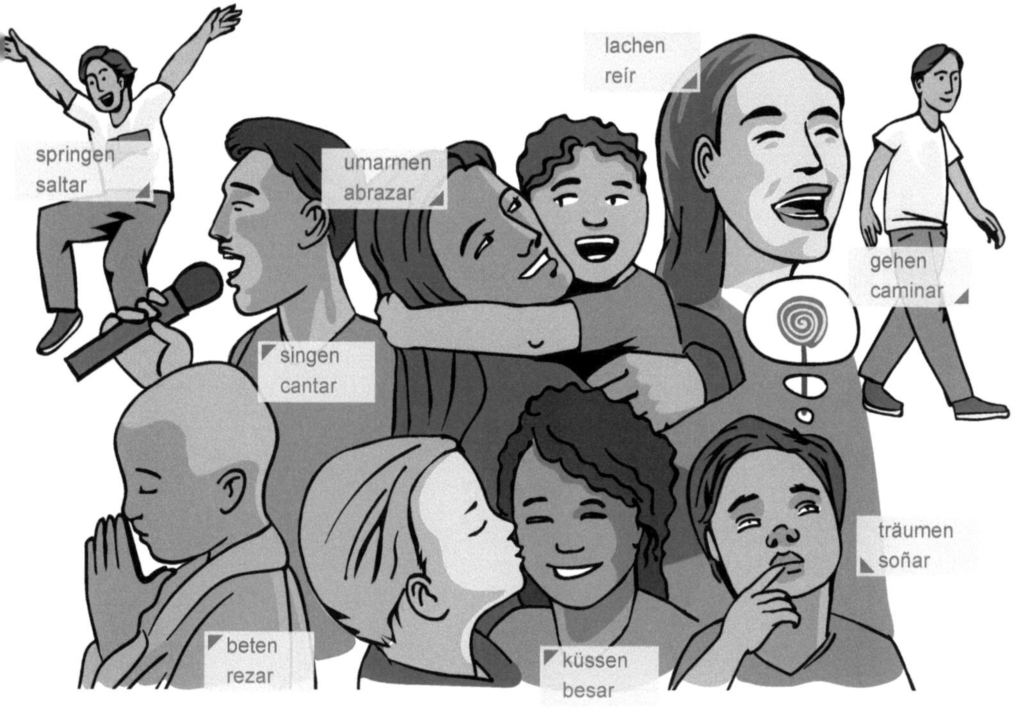

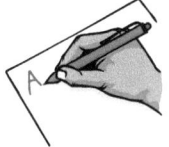

schreiben

escribir

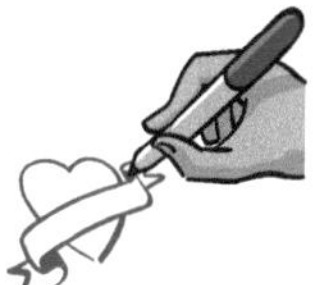

zeichnen

dibujar

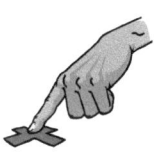

zeigen

mostrar

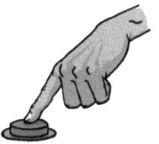

drücken

empujar

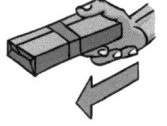

geben

dar

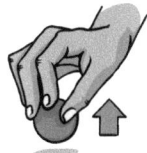

nehmen

tomar

haben
....
tener

tun
....
hacer

sein
....
ser

stehen
....
estar de pie

laufen
....
correr

ziehen
....
tirar

werfen
....
tirar

fallen
....
caer

liegen
....
yacer

warten
....
esperar

tragen
....
llevar

sitzen
....
estar sentado

anziehen
....
vestirse

schlafen
....
dormir

aufwachen
....
despertar

ansehen

mirar

weinen

llorar

streicheln

acariciar

kämmen

peinar

reden

hablar

verstehen

entender

fragen

preguntar

hören

escuchar

trinken

beber

essen

comer

aufräumen

ordenar

lieben

amar

kochen

cocinar

fahren

conducir

fliegen

volar

segeln

navegar

rechnen

calcular

lesen

leer

lernen

aprender

arbeiten

trabajar

heiraten

casarse

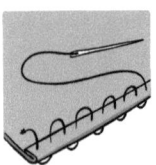

nähen

coser

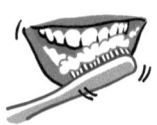

Zähne putzen

cepillarse los dientes

töten

matar

rauchen

fumar

senden

enviar

Aktivitäten - actividades

Familie
familia

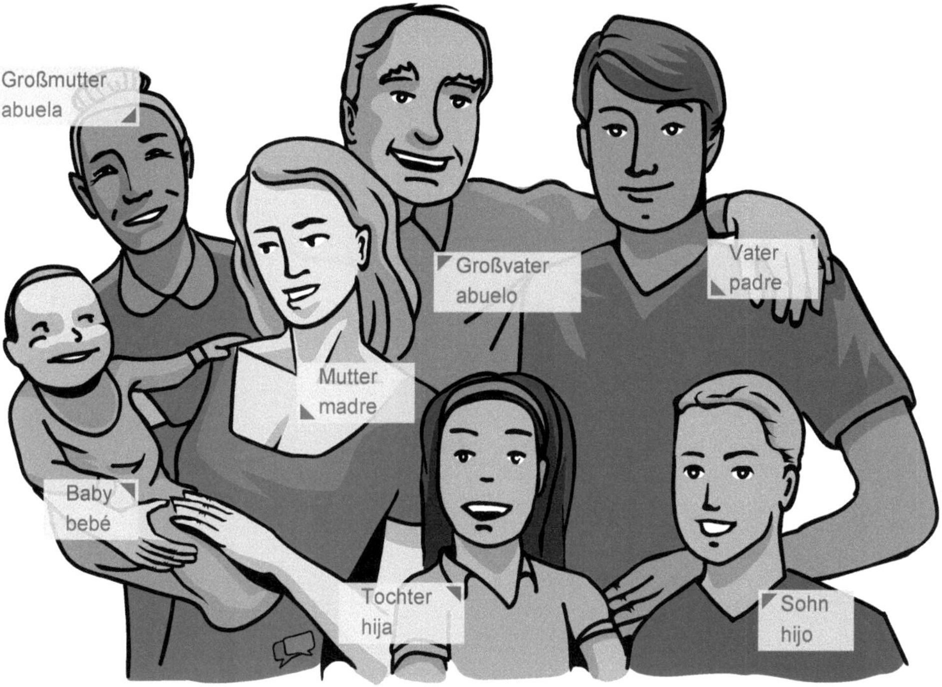
Großmutter
abuela
Großvater
abuelo
Vater
padre
Mutter
madre
Baby
bebé
Tochter
hija
Sohn
hijo

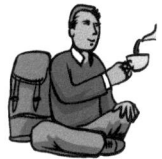

Gast
invitado

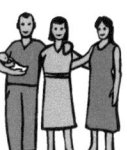

Tante
tía

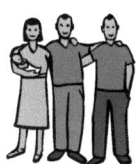

Onkel
tío

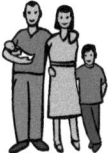

Bruder
hermano

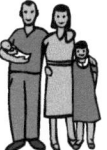

Schwester
hermana

Körper

cuerpo

Stirn
frente
Auge
ojo
Schulter
hombro
Finger
dedo
Gesicht
cara
Kinn
barbilla
Hand
mano
Brust
pecho
Bein
pierna
Arm
brazo

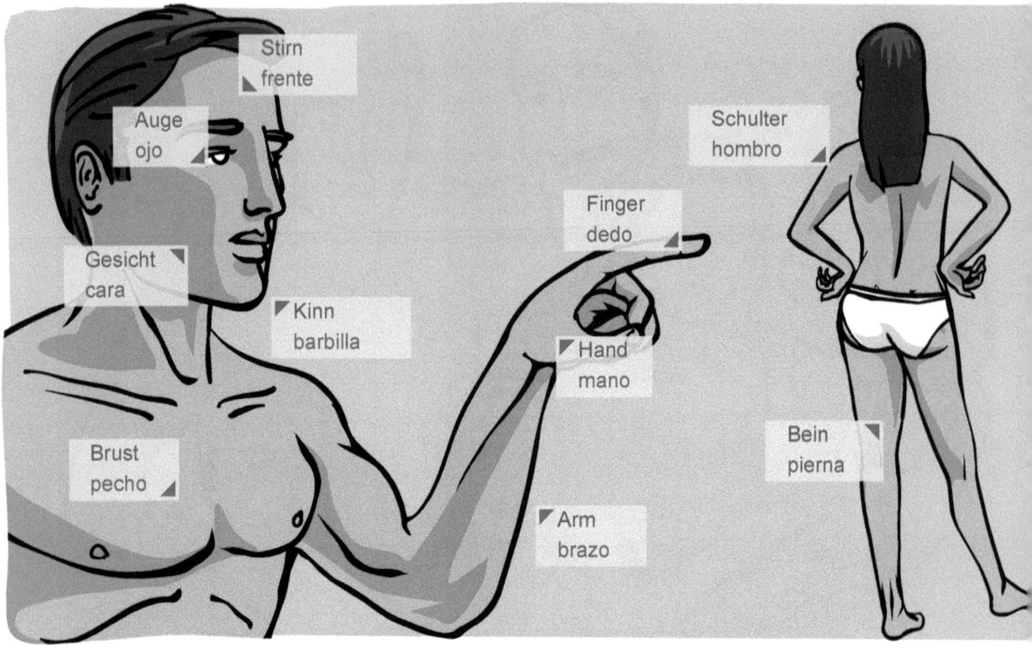

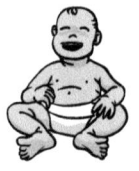

Baby

bebé

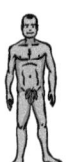

Mann

hombre

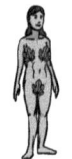

Frau

mujer

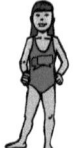

Mädchen

chica

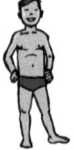

Junge

chico

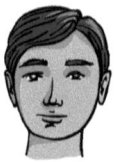

Kopf

cabeza

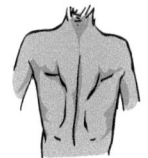

Rücken

espalda

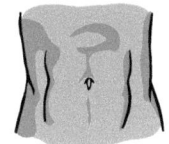

Bauch

vientre

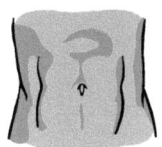

Nabel

ombligo

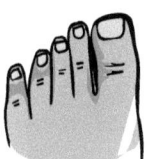

Zeh

dedo del pie

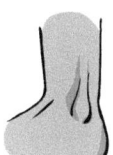

Ferse

talón

Knochen

hueso

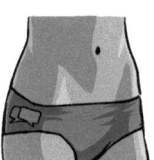

Hüfte

cadera

Knie

rodilla

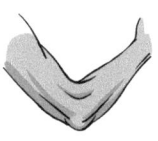

Ellenbogen

codo

Nase

nariz

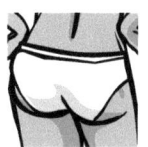

Gesäß

trasero

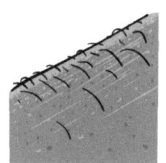

Haut

piel

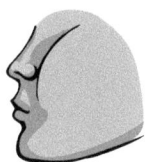

Wange

mejilla

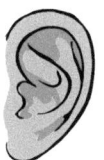

Ohr

oído

Lippe

labio

Körper - cuerpo

Mund

boca

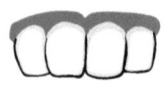

Zahn

diente

Zunge

lengua

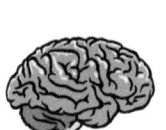

Gehirn

cerebro

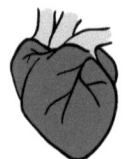

Herz

corazón

Muskel

músculo

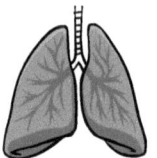

Lunge

pulmón

Leber

hígado

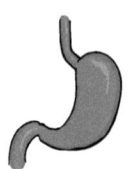

Magen

estómago

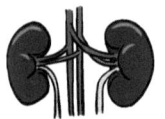

Nieren

riñones

Geschlechtsverkehr

sexo

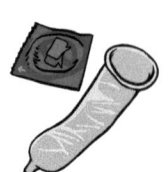

Kondom

condón

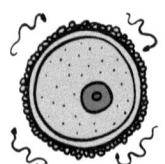

Eizelle

ovario

Sperma

semen

Schwangerschaft

embarazo

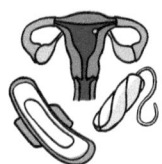

Menstruation

menstruación

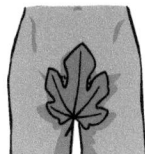

Vagina

vagina

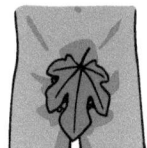

Penis

pene

Augenbraue

ceja

Haar

pelo

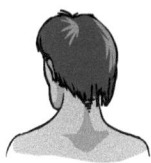

Hals

cuello

Krankenhaus

hospital

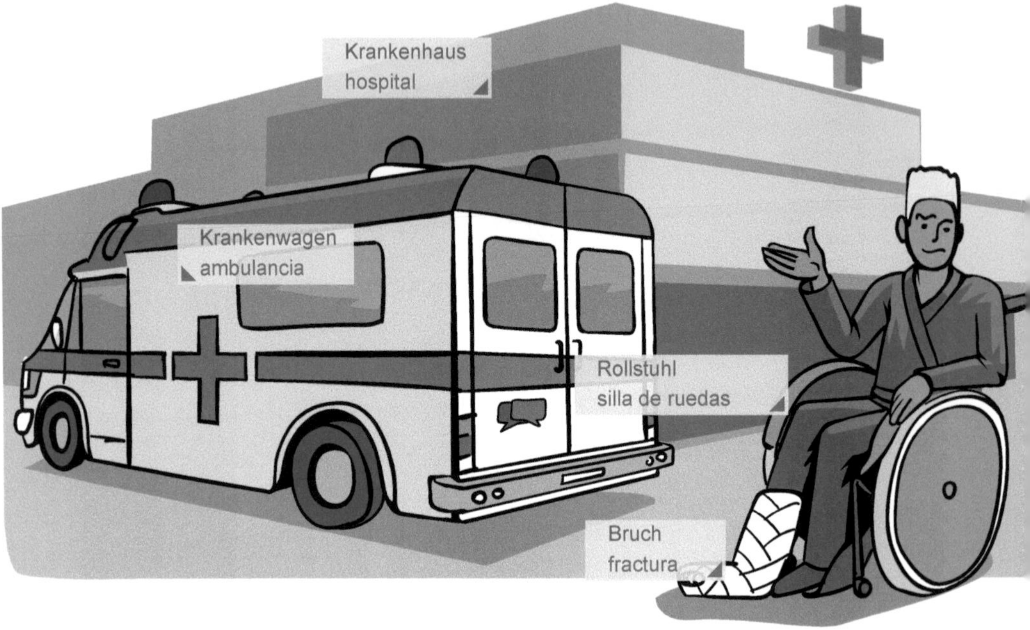

Krankenhaus
hospital
Krankenwagen
ambulancia
Rollstuhl
silla de ruedas
Bruch
fractura

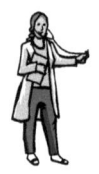

Arzt

médico

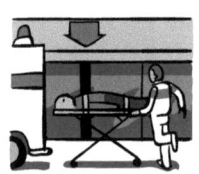

Notaufnahme

sala de urgencias

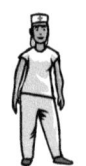

Krankenschwester

enfermera

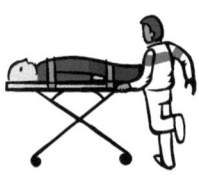

Notfall

urgencia

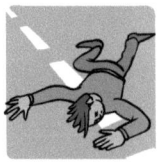

ohnmächtig

inconsciente

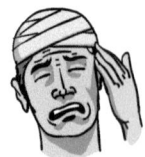

Schmerz

dolor

Verletzung

lesión

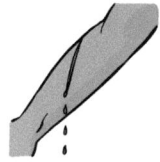

Blutung

hemorragia

Herzinfarkt

infarto

Schlaganfall

ictus

Allergie

alergia

Husten

tos

Fieber

fiebre

Grippe

gripe

Durchfall

diarrea

Kopfschmerzen

dolor de cabeza

Krebs

cáncer

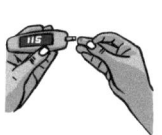

Diabetis

diabetes

Chirurg

cirujano

Skalpell

bisturí

Operation

operación

CT
TAC

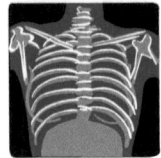

Röntgen
rayos x

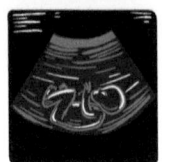

Ultraschall
ultrasonido

Maske
mascarilla

Krankheit
enfermedad

Wartezimmer
sala de espera

Krücke
muleta

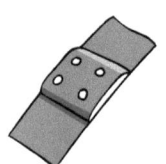

Pflaster
tirita

Verband
venda

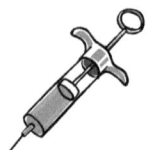

Injektion
inyección

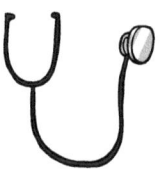

Stethoskop
estetoscopio

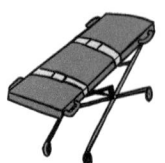

Trage
camilla

Thermometer
termómetro

Geburt
nacimiento

Übergewicht
sobrepeso

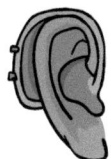

Hörgerät

audífono

Desinfektionsmittel

desinfectante

Infektion

infección

Virus

virus

HIV / AIDS

VIH / SIDA

Medizin

medicina

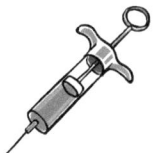

Impfung

vacunación

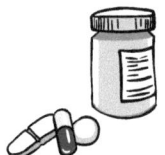

Tabletten

tabletas

Pille

pastilla

Notruf

llamada de urgencia

Blutdruck-Messgerät

tensiómetro

krank / gesund

enfermo / sano

Hilfe!

¡Socorro!

Alarm

alarma

Überfall

asalto

Angriff

ataque

Gefahr

peligro

Notausgang

salida de emergencia

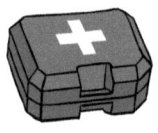

Feuer!

¡Fuego!

Feuerlöscher

extintor de incendios

Unfall

accidente

Erste-Hilfe-Koffer

botiquín de primeros
auxilios

SOS

SOS

Polizei

policía

Europa

Europa

Nordamerika

Norteamérica

Südamerika

Sudamérica

Afrika

África

Asien

Asia

Australien

Australia

Atlantik

Atlántico

Pazifik

Pacífico

Indischer Ozean

Océano Índico

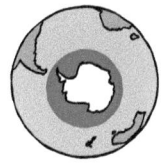

Antarktischer Ozean

Océano Antártico

Arktischer Ozean

Océano Ártico

Nordpol

polo norte

Südpol

polo sur

Antarktis

Antártida

Erde

tierra

Land

tierra

Meer

mar

Insel

isla

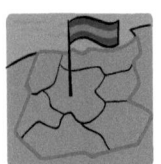

Nation

nación

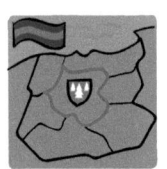

Staat

estado

Zifferblatt

esfera

Stundenzeiger

manecilla de las horas

Minutenzeiger

minutero

Sekundenzeiger

segundero

Wie spät ist es?

¿Qué hora es?

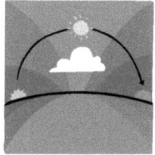

Tag

día

Zeit

tiempo

jetzt

ahora

Digitaluhr

reloj digital

Minute

minuto

Stunde

hora

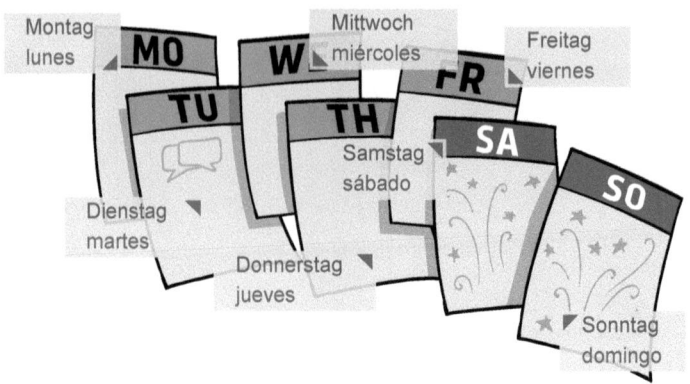

Montag / lunes
Mittwoch / miércoles
Freitag / viernes
Dienstag / martes
Donnerstag / jueves
Samstag / sábado
Sonntag / domingo

gestern
ayer

heute
hoy

morgen
mañana

Morgen
mañana

Mittag
mediodía

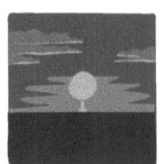

Abend
tarde

MO	TU	WE	TH	FR	SA	SU
1	2	3	4	5	6	7
8	9	10	11	12	13	14
15	16	17	18	19	20	21
22	23	24	25	26	27	28
29	30	31	1	2	3	4

Arbeitstage
días laborables

MO	TU	WE	TH	FR	SA	SU
1	2	3	4	5	6	7
8	9	10	11	12	13	14
15	16	17	18	19	20	21
22	23	24	25	26	27	28
29	30	31	1	2	3	4

Wochenende
fin de semana

Jahr
año

Regen
lluvia
Regenbogen
arcoíris
Schnee
nieve
Wind
viento
Frühling
primavera
Herbst
otoño
Sommer
verano
Winter
invierno

4.APRIL 11°
5.APRIL 4°
6.APRIL 13°
7.APRIL 8°
8.APRIL 10°

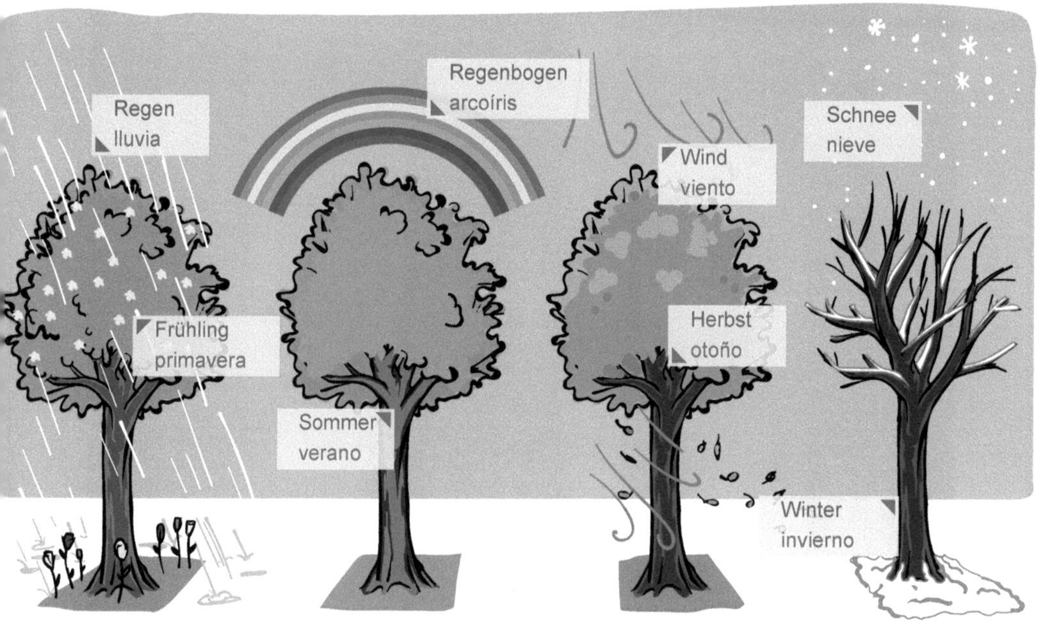

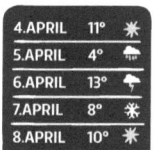

Wettervorhersage

pronóstico del tiempo

F C
120 40
90 30
60 20
30 10
0 0
-30 -10
-20

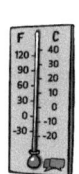

Thermometer

termómetro

Sonnenschein

sol

Wolke

nube

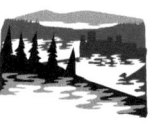

Nebel

niebla

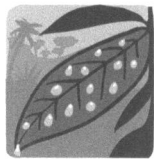

Luftfeuchtigkeit

humedad

Blitz

rayo

Donner

trueno

Sturm

tormenta

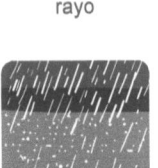

Hagel

granizo

Monsun

monzón

Flut

inundación

Eis

hielo

Januar

enero

Februar

febrero

März

marzo

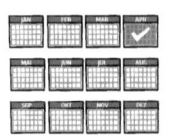

April

abril

Mai

mayo

Juni

junio

Juli

julio

August

agosto

September
....
septiembre

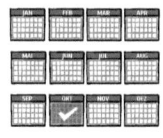

Oktober
....
octubre

November
....
noviembre

Dezember
....
diciembre

Kreis
....
círculo

Quadrat
....
cuadrado

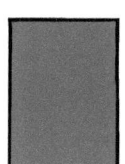

Rechteck
....
rectángulo

Dreieck
....
triángulo

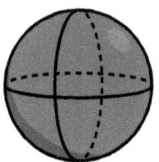

Kugel
....
esfera

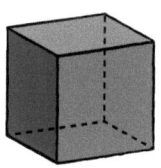

Würfel
....
cubo

weiß

blanco

gelb

amarillo

orange

anaranjado

pink

rosa

rot

rojo

lila

morado

blau

azul

grün

verde

braun

marrón

grau

gris

schwarz

negro

viel / wenig

mucho / poco

wütend / friedlich

enojado / tranquilo

hübsch / hässlich

bonito / feo

Anfang / Ende

principio / fin

groß / klein

grande / pequeño

hell / dunkel

claro / oscuro

Bruder / Schwester

hermano / hermana

sauber / schmutzig

limpio / sucio

vollständig / unvollständig

completo / incompleto

Tag / Nacht

día / noche

tot / lebendig

muerto / vivo

breit / schmal

ancho / estrecho

genießbar / ungenießbar

comestible / no comestible

böse / freundlich

malo / amable

aufgeregt / gelangweilt

entusiasmado / aburrido

dick / dünn

gordo / delgado

zuerst / zuletzt

primero / último

Freund / Feind

amigo / enemigo

voll / leer

lleno / vacío

hart / weich

duro / blando

schwer / leicht

pesado / ligero

Hunger / Durst

hambre / sed

krank / gesund

enfermo / sano

illegal / legal

ilegal / legal

intelligent / dumm

inteligente / tonto

links / rechts

izquierda / derecha

nah / fern

cerca / lejos

neu / gebraucht
nuevo / usado

nichts / etwas
nada / algo

alt / jung
viejo / joven

an / aus
encendido / apagado

offen / geschlossen
abierto / cerrado

leise / laut
silencioso / ruidoso

reich / arm
rico / pobre

richtig / falsch
correcto / incorrecto

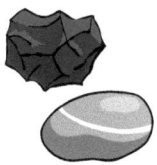

rau / glatt
áspero / suave

traurig / glücklich
triste / contento

kurz / lang
corto / largo

langsam / schnell
lento / rápido

nass / trocken
húmedo / seco

warm / kühl
cálido / frío

Krieg / Frieden
guerra / paz

0

null

cero

1

eins

uno

2

zwei

dos

3

drei

tres

4

vier

cuatro

5

fünf

cinco

6

sechs

seis

7

sieben

siete

8

acht

ocho

9

neun

nueve

10

zehn

diez

11

elf

once

12

zwölf

doce

13

dreizehn

trece

14

vierzehn

catorce

15

fünfzehn

quince

16

sechzehn

dieciséis

17

siebzehn

diecisiete

18

achtzehn

dieciocho

19

neunzehn

diecinueve

20

zwanzig

veinte

100

hundert

cien

1.000

tausend

mil

1.000.000

million

millón

Englisch

inglés

Amerikanisches Englisch

inglés americano

Chinesisch Mandarin

chino mandarín

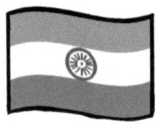

Hindi

hindi

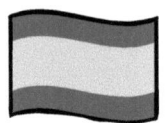

Spanisch

español

Französisch

francés

Arabisch

árabe

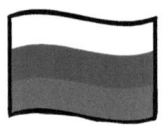

Russisch

ruso

Portugiesisch

portugués

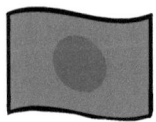

Bengalisch

bengalí

Deutsch

alemán

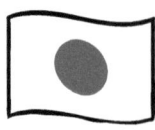

Japanisch

japonés

ich
yo

du
tú

er / sie / es
él / ella / ello

wir
nosotros/as

ihr
vosotros/as

sie
ellos/as

wer?
¿quién?

was?
¿qué?

wie?
¿cómo?

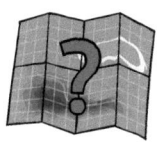

wo?
¿dónde?

wann?
¿cuándo?

Name
nombre

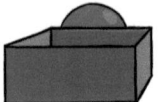

hinter

detrás

in

en

vor

delante de

über

por encima de

auf

sobre

unter

debajo de

neben

junto a

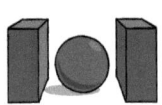

zwischen

entre

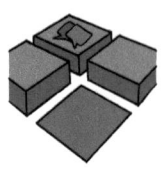

Ort

lugar